PAYSAGES EN MUTATION

ALEXANDER PECKHAM - LOUIS MORZAC

Éditions Gamma - Éditions du Trécarré

SOMMAIRE

Chapitre 1
La mutation d'un paysage 4
La Terre est en mutation constante. Les paysages se dessinent au fil de millions d'années, notamment par l'érosion. Des changements rapides, tels que les séismes, se produisent occasionnellement et modifient l'aspect général des terres.

Chapitre 2
L'impact de l'homme 10
L'évolution naturelle des paysages est généralement lente. Les problèmes surgissent lorsque les activités humaines modifient le rythme des changements.

Chapitre 3
Enseignements du passé 24
Les sociétés humaines existent depuis des millénaires. Des archéologues prétendent que l'extinction de certaines d'entre elles résulte de la destruction de l'environnement. De nombreux observateurs croient qu'un sort semblable pourrait nous être réservé à moins que des mesures ne soient prises pour réparer les dégâts que nous avons causés.

Chapitre 4
Modifier nos priorités 28
Il existe des solutions à la plupart des problèmes d'environnement auxquels nous sommes confrontés, malgré leur difficulté d'application et leur coût probable. La modification de nos méthodes de culture et le contrôle de la croissance démographique sont deux moyens d'aborder la crise.

Glossaire 35

Index 36

▷ La forêt tropicale qui recouvre la Micronésie, ensemble d'îles du Pacifique, a mis des millions d'années à se constituer, mais elle pourrait être rapidement effacée par les bûcherons.

INTRODUCTION

Un paysage est la partie d'un pays qui s'offre à l'observateur. Deux paysages ne paraissent jamais identiques car ils résultent de l'influence de trop de facteurs : type de roches, formation, climat, végétation, faune et action humaine ; la configuration de chaque endroit résulte d'une combinaison de ces facteurs. Les paysages varient en fonction non seulement de leur localisation, mais aussi du temps. Des arbres émergent, les lits des rivières se déplacent, les cours d'eau s'assèchent, de nouvelles espèces peuvent s'introduire et en chasser d'autres. À certains endroits, des volcans peuvent modifier le relief. Les conditions climatiques et d'autres forces, dont la combinaison structure les paysages, sont en mutation constante. Elles sont affectées par le sol lui-même, par exemple lorsque des chaînes de montagnes empêchent les nuages de les survoler.

L'homme accroît son rôle d'agent principal des modifications de l'environnement ; peu d'endroits ont échappé à son influence. Nous qualifions généralement de naturels la majorité des paysages ruraux, telles les vertes collines anglaises, mais la plupart du temps, l'homme a joué un rôle important dans leur constitution et leur aspect actuel. Nous avons déboisé pour faire place à l'agriculture et à l'élevage, nous avons construit des routes, bâti des maisons, édifié des usines. Tant que les changements n'endommagent pas une région et se produisent à un rythme suffisamment lent pour permettre aux animaux sauvages et à la flore de s'adapter, l'homme influence à peine un système qui, de toute manière, est en mutation perpétuelle. Cependant, lorsque les modifications sont trop rapides, les espèces n'ont pas le temps de s'adapter. La faune se raréfie, la flore meurt, le sol s'érode et le paysage donne des signes de déséquilibre. Aujourd'hui, le progrès technologique, la croissance démographique, la surexploitation des ressources et des terres cultivables endommagent l'environnement. Cette action affecte la vie sur Terre.

Chapitre 1

LA MUTATION D'UN PAYSAGE

Chaque paysage est unique. Son caractère dépend d'un équilibre délicat élaboré à travers des millénaires entre la terre, la flore et la faune qui y vivent.
Cet équilibre n'est pas le résultat du hasard ; il résulte des conditions physiques régnant à un endroit et à un moment donnés.
Le modelage d'un paysage implique à la fois des événements journaliers tels le soleil et la pluie et des modifications à long terme telles la création et la destruction de montagnes.
La flore, par exemple, influence considérablement les paysages, et sa croissance dépend de la pluviosité, du climat et du sol qui gouvernent la végétation.
En ce sens, elle influence le modelage d'un paysage.

△ Il a fallu des millénaires pour que se forme ce canyon dans l'Utah.

Formation des sols

Les caractéristiques d'un sol déterminent le type de végétation qui s'y adaptera. La structure d'un paysage repose sur cet élément-clef. Le sol est constitué de fines particules rocheuses, que le vent, la pluie et la neige fragmentent au fil du temps. Chaque type de roche est à l'origine de types particuliers de sol, dont la texture peut dépendre du climat. La topographie est un autre facteur affectant le type de sol. Sur des pentes escarpées, le sol est rapidement emporté, laissant la roche exposée au vent et autres intempéries. Dans les régions de plaines, le sol tend à demeurer

en place, ses particules à se décomposer sous l'action des éléments.

Si le type de sol détermine l'habitat de la flore, réciproquement les plantes influencent la nature du sol. La végétation, arbres et cultures inclus, réduit l'érosion des sols, de par son réseau de racines. Les végétaux morts, en tombant sur le sol, le recouvrent d'une couverture qui le protège de l'impact direct des pluies. Les plantes permettent à l'eau de s'infiltrer dans le sol en longeant les racines; sans elles, la pluie ne ferait que ruisseler à la surface et emporter le sol. Dans les régions accidentées, les plantes sont essentielles au maintien du sol sur les versants abrupts. Sans flore, de nombreuses régions de collines seraient dépouillées de leur sol et deviendraient des déserts rocheux et stériles.

La configuration du terrain influence à son tour certains des facteurs qui, telles les chutes d'eau et l'exposition au soleil, modèlent le terrain lui-même. Par exemple, les flancs de montagnes insuffisamment insolés peuvent n'abriter qu'une végétation réduite. Des chaînes de hautes montagnes peuvent aussi empêcher le passage de nuages de pluie, ce qui affecte la pluviométrie de la région. Une grosse partie du Tibet est désertique parce que les montagnes de l'Himalaya, d'une altitude de plus de 8 000 mètres, arrêtent les nuages venant du Sud et empêchent par conséquent la pluie d'atteindre le Tibet. Dans d'autres régions, la végétation peut provoquer la chute de pluies. L'eau s'évapore des forêts tropicales luxuriantes pour former de nouveaux nuages de pluie. En l'absence de forêt équatoriale, les chutes de pluie se feraient beaucoup plus rares en de nombreuses régions équatoriales.

Changements à long terme

Nous sommes enclins à penser qu'un paysage est statique, permanent et immuable depuis l'aube de la Terre. La réalité est très différente. Planète inhospitaliere aux terres incultes et brûlantes à sa formation il y a 4,5 milliards d'années, la Terre a profondément évolué depuis. À mesure du refroidissement du magma originel, des modifications des proportions gazeuses constituant l'atmosphère, l'évolution des formes de vie s'amorça pour aboutir à une complexité et à une diversité accrues. Au cours de ce processus, les paysages se modifièrent au point de devenir méconnaissables.

Les climats ont été modifiés par l'altération continue bien qu'insensible des paramètres de l'orbite de la Terre autour du Soleil. L'évolution du climat depuis la naissance de la Terre a causé l'élévation du niveau des océans et leur retrait, la formation de déserts et leur disparition, la création et la mort des forêts. Tout au long de ce processus, l'évolution des formes de vie a joué son rôle dans la modification des

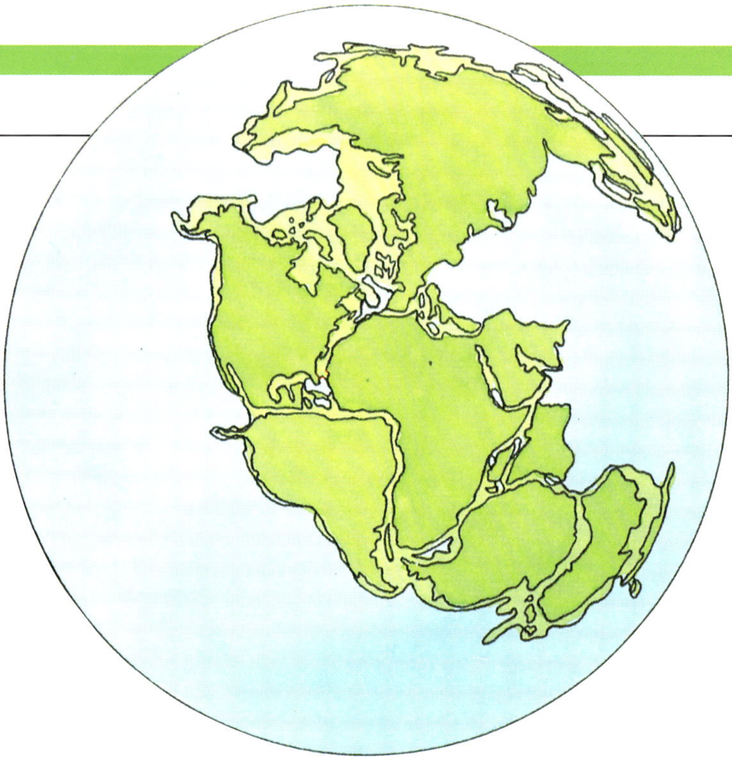

Les savants s'accordent à penser qu'il y a 200 millions d'années, il n'existait qu'une seule grande masse continentale appelée Pangée. Depuis lors, la dérive des continents a conduit ceux-ci à leurs positions actuelles.

paysages. De nouvelles espèces de plantes et d'animaux sont apparues tandis que d'autres se sont éteintes. Une fois de plus les paysages se sont modifiés.

De toutes les influences à long terme exercées sur les paysages, la dérive des continents est probablement la plus importante. Ce phénomène se définit par le glissement de pans de la croûte terrestre sur le magma — cette roche en fusion — situé à une cinquantaine de kilomètres sous la croûte terrestre. Sur des périodes de millions d'années, les continents se fracturent et de nouveaux océans apparaissent à mesure de leur dérive autour de la surface du globe. Lorsque des continents se heurtent, la surface terrestre se plisse et de nouvelles chaînes montagneuses se forment. À mesure du déplacement de continents de régions froides vers des régions chaudes — ou inversement — les climats se modifient et, graduellement, de nouveaux sols, de nouvelles espèces animales et végétales remplacent les anciennes. Ces processus traduisent le caractère éphémère de tous les paysages en perpétuelle évolution.

Rythme des changements

Les changements naturels des paysages sont généralement lents et s'étalent sur des milliers, voire des millions d'années. Les modifications brutales sont plus rares : par exemple lorsqu'à la suite d'une éruption volcanique, un paysage est mutilé par des coulées de lave et des retombées de cendres, ou lorsque des invasions d'insectes — telles des nuées de sauterelles — envahissent une région et se propagent en ravageant la végétation. Même lorsque ces changements importants se produisent, la nature témoigne d'une capacité impressionnante à réparer ses plaies et à se refaire un visage. Mais dans la majorité des cas, la lenteur des changements permet aux espèces vivantes une adaptation progressive.

À l'échelle de la Planète, 10 000 ans sont peu de chose. Cependant, il y a 10 000 ans, la calotte glaciaire recouvrait encore une grande

△ Ce paysage dévasté par une éruption volcanique à Hawaii se cicatrisera rapidement.

△ Peuplée de dinosaures, la Terre semblait différente il y a 100 millions d'années.

partie de l'Europe et de l'Amérique du Nord. Durant 600 000 ans, de vastes régions maintenant verdoyantes, arborées, parsemées de villages et de villes n'étaient que des étendues désolées couvertes de glaces. Au sud de ces couvertures glaciaires, on trouvait des steppes entrecoupées de rivières de glaces fondues, puis plus au sud, de vastes forêts de bouleaux et de résineux. Les arbres à feuilles caduques des forêts européennes et nord-américaines actuelles ont peuplé des régions telles l'Afrique du Nord, le Moyen-Orient et la Floride.

Il y a 10 000 ans à peine, de nombreux paysages étaient vraiment différents de ceux d'aujourd'hui. L'empreinte des glaciers de la dernière période glaciaire est marquée par des vallées caractéristiques. À mesure du réchauffement des climats, la glace a fondu sauf dans l'extrême nord et l'extrême sud, et les paysages qui nous entourent aujourd'hui sont finalement apparus. Les chasseurs de l'âge de la pierre se sont déplacés dans le sillage des migrations du gibier. La flore s'est également adaptée aux changements climatiques. Quelques espèces n'ont pu y survivre, mais la plupart ont lutté et certaines en ont même profité.

Depuis la fin de la dernière glaciation, le climat terrestre est demeuré relativement stable, mais il y eut parfois des fluctuations importantes, comme cette brève période glacière du 18e siècle qui effaça les colonies nordiques du Groenland et vit apparaître ces fameuses fêtes hivernales sur la Tamise gelée à Londres. Cependant, en dépit d'une stabilité climatique globale, les paysages ont continuellement subi des changements importants. Les paysages d'aujourd'hui sont très différents de ceux laissés par le retrait des glaciers. Des forêts ont été défrichées, des fleuves détournés, des villes et des routes construites. Il va de soi que l'homme a été à la base de ces changements.

L'évolution des paysages peut révéler un endommagement de l'environnement. Elle peut être la sonnette d'alarme qui nous avertit de la menace pesant sur des équilibres naturels délicats, mais nécessaires au maintien de la vie.

Formation des paysages

Les volcans, des tempêtes violentes peuvent modifier rapidement les paysages, mais l'action de la plupart des facteurs qui les gouvernent s'est exercée sur des milliers ou des millions d'années. L'écorce terrestre se déforme lentement et des montagnes apparaissent lorsque des plaques tectoniques se heurtent. Les climats changent, entraînant la planète dans des glaciations successives, et la flore et la faune s'adaptent aux conditions nouvelles. Les fleuves creusent des canyons et l'énergie des vagues océaniques découpe les côtes. L'action journalière du temps pulvérise les roches, les transforme en sol et détermine l'habitat de flores différentes.

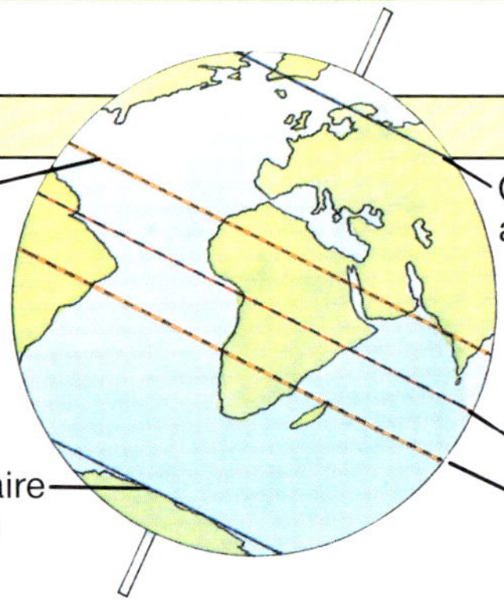

Ensoleillement

Comme l'axe de rotation de la Terre n'est pas perpendiculaire au plan de son orbite, la rotation de notre planète sur elle-même et autour du Soleil crée, au rythme des saisons, des différences d'ensoleillement dépendant de la latitude. Ces différences affectent la durée des journées et les divers climats régionaux.

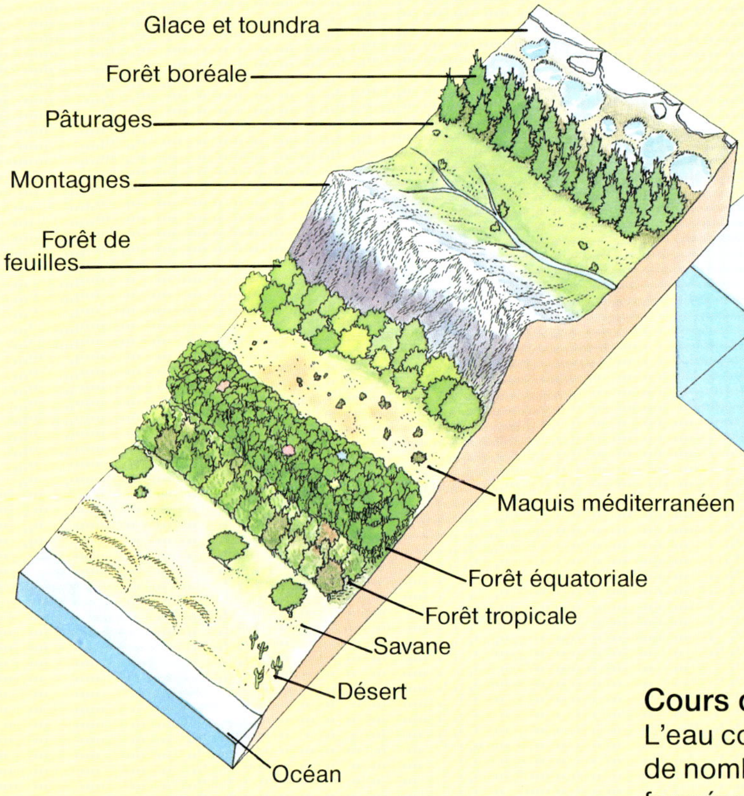

Habitats

Il existe sur Terre de nombreux environnements ou habitats différents allant des régions polaires aux forêts équatoriales, abritant toutes des flores et des faunes adaptées au milieu et aux conditions qui y règnent.

Cours d'eau

L'eau courante érode le sol ; de nombreuses vallées sont formées sous l'action des rivières.

Géologie

Il existe de nombreux types de roche d'origine et de formation différentes. Les roches constituent le manteau de la planète.

Climat

Le climat est l'ensemble des circonstances atmosphériques et météorologiques propres à une région: pluviométrie, insolation, température, vent. Celles-ci déterminent la fragmentation des roches, la formation des sols et l'habitat de flores et de faunes spécifiques.

Catastrophes

Il arrive que des catastrophes importantes modifient subitement des paysages: séismes, ouragans ou éruptions volcaniques peuvent ravager de vastes régions. Une éruption volcanique importante peut libérer dans l'atmosphère d'énormes nuages de cendres qui obscurciront le Soleil et provoqueront un changement climatique temporaire.

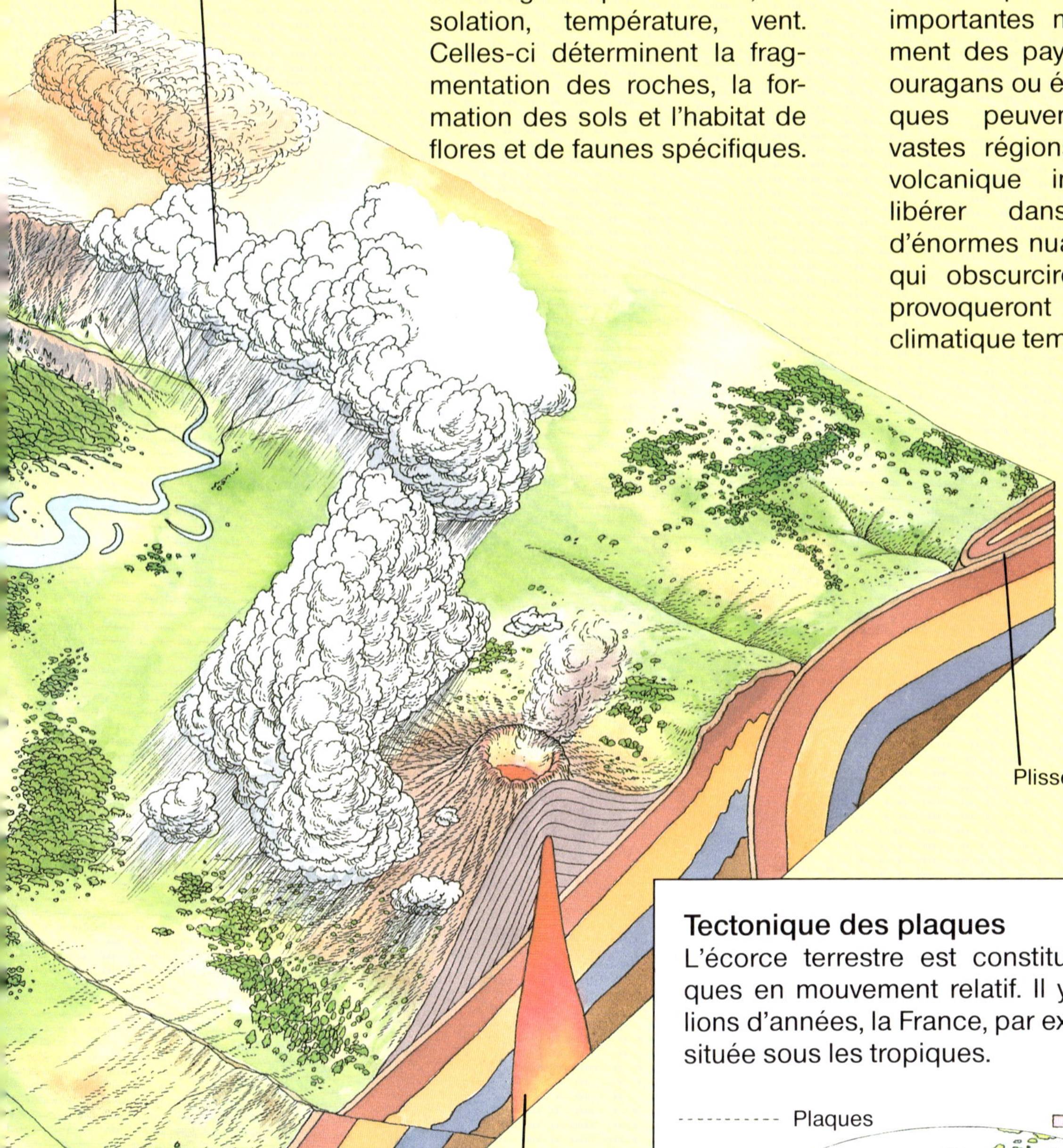

Tectonique des plaques

L'écorce terrestre est constituée de plaques en mouvement relatif. Il y a 250 millions d'années, la France, par exemple, était située sous les tropiques.

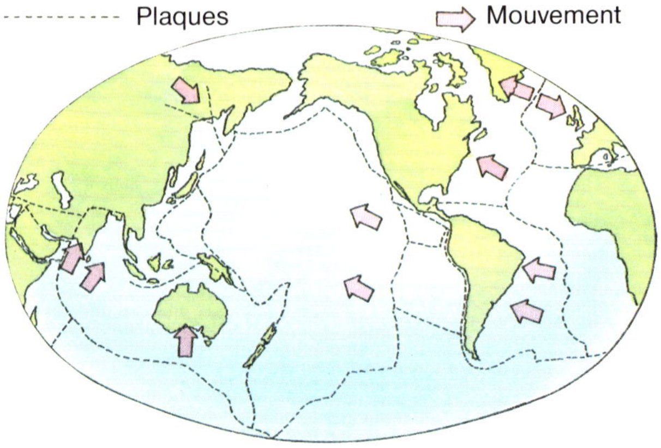

Chapitre 2

L'IMPACT DE L'HOMME

Les paysages se modifient à un rythme inquiétant. Alors que la nature opère généralement à un rythme insensible, l'homme peut provoquer très rapidement des changements considérables. Cette constatation s'impose particulièrement depuis le début de la révolution industrielle, il y a 250 ans. À cette époque, l'essor démographique s'est amplifié et les progrès technologiques nous ont amenés à manipuler l'environnement comme jamais auparavant. Que l'homme modifie un paysage n'est pas en soi néfaste, à condition que la région concernée s'y adapte en sauvegardant un équilibre biologique. Malheureusement, l'environnement subit des dégâts et le rythme des changements est trop rapide pour permettre le maintien de cet équilibre.

Les réactions en chaîne
Toute action peut déclencher une série d'effets secondaires inattendus. Ceux-ci à leur tour peuvent être à l'origine de modifications beaucoup plus graves que prévu. On pourrait imaginer, par exemple, que l'abattage d'une forêt n'aurait pour effet que de défricher le sol. En fait, cette action peut appauvrir le sol et compromettre la réussite de cultures ultérieures. Une déforestation importante appliquée à une vaste région peut y diminuer la pluviosité. Des précipitations moins importantes entravent la croissance de la flore et assèchent le sol, favorisant ainsi son érosion. On voit donc qu'en agissant sur un seul facteur, l'homme peut en affecter de nombreux autres et provoquer des réactions en chaîne souvent à l'origine de modifications désastreuses du paysage. Au pire, l'homme peut pénétrer dans une forêt luxuriante et laisser derrière lui un désert quelques décennies plus tard. Les exemples de ce phénomène abondent.

△ Même un promeneur peut endommager le sol.

Assumer ses responsabilités

Les modifications les plus graves infligées aux paysages résultent souvent de la combinaison de multiples actions individuelles. La plupart des gens gèrent leurs propres activités sans se soucier, et le plus souvent sans en avoir conscience, de l'impact qu'elles peuvent avoir sur l'environnement. Il est très facile de blâmer les agriculteurs qui mettent en valeur de vastes superficies tout en favorisant l'érosion. Mais l'approvisionnement varié, abondant et peu onéreux de nos supermarchés dépend des méthodes de cultures dommageables au sol.

Le syndrome des randonneurs

On s'imagine que peu d'activités sont aussi inoffensives que les randonnées à pied dans les collines. Cependant, en de nombreux endroits, les randonneurs endommagent l'environnement. Le passage de deux pieds à travers la bruyère n'a guère d'effet. Par contre celui de 1 000 ou 10 000 paires de bottines laissera rapidement des cicatrices dans un paysage. Nous sommes comparables à ces promeneurs dans la plupart de nos activités. Une famille dégageant une parcelle réduite pour la cultiver n'endommage pas la forêt où elle vit. Mais un million de familles agissant de la sorte la détruiront rapidement. Cependant, chaque famille, prise individuellement, n'aura aucune conscience de sa participation à la destruction de l'ensemble.

Consommation et population

Durant des milliers d'années, des familles ont pu vivre sans endommager leur environnement de manière irréversible. Pourquoi alors assistons-nous subitement à une destruction rapide des paysages qui nous entourent ? Deux facteurs contribuent à l'accélération de ce processus. Tout d'abord, nombreux sont ceux qui, surtout dans les pays riches d'Europe et d'Amérique du Nord, consomment des biens fabriqués à partir de matériaux extraits non seulement de leur sous-sol, mais aussi de l'ensemble des régions du monde. Ensuite, la population mondiale est en expansion croissante et ce facteur contribuera à l'accélération du processus de dégradation des paysages, à mesure de l'extension de l'habitat, des industries, des cultures intensives.

Les progrès technologiques

Le développement des transports aériens, ferroviaires, routiers et maritimes rapides a favorisé les voyages. Il y a deux siècles à peine, la plupart des gens ne se déplaçaient que dans un rayon de quelques kilomètres autour de leur foyer. Actuellement, nombreux sont ceux,

Croissance des villes

En 1940, une personne sur huit habitait en ville. Actuellement, une sur trois environ. La ville de Mexico pourrait compter 26,3 millions d'habitants en l'an 2 000.

surtout parmi les habitants des pays riches, qui peuvent s'offrir des voyages de plusieurs centaines de km et passent des vacances dans des endroits éloignés. Imaginez les dégâts occasionnés aux chemins de terre et aux pentes des collines par des motocyclettes tout-terrain. Dans de nombreuses régions, cette pratique est devenue monnaie courante. Il y a quelques siècles, le chemin de fer n'existait pas et l'automobile n'était qu'un rêve de science-fiction. On se déplaçait à pied, à cheval ou en voiture à traction animale. L'automobile a aujourd'hui remplacé ces moyens de transport. La technologie n'a pas que des avantages.

La naissance de l'agriculture

Les peuples de chasseurs-collecteurs se nourrissent des produits de la chasse et de la récolte de plantes, de racines et de fruits sauvages. Il y a des millénaires, ce mode de vie était universel ; à l'heure actuelle, seules quelques peuplades isolées vivent encore de cette manière, les Boschimans du désert du Kalahari en Afrique méridionale, par exemple. Comme leur environnement naturel subvient à tous leurs besoins, ces peuplades le respectent. Sans lui, elles ne pourraient pas survivre. Cependant, ce mode de vie requiert de vastes territoires sur lesquels la communauté peut chasser et récolter sans compromettre l'équilibre naturel. Seules des communautés réduites peuvent bénéficier de telles conditions.

À mesure du développement des sociétés humaines, la production alimentaire a évolué. Environ 6 000 ans avant J.-C., l'agriculture a pris naissance. L'homme s'est mis à domestiquer des animaux sauvages et à cultiver. Progressivement, des colonies permanentes ont vu le jour. Ces changements ont marqué le début de la domestication de la nature par l'homme. En plantant des végétaux plutôt qu'en les collectant, l'homme a pris le contrôle de la production et utilisé le sol pour nourrir des populations plus nombreuses. L'agriculture est à la

△ Les Boschimans d'Afrique du Sud utilisent leur connaissance de l'environnement pour chasser.

base de la réussite de l'homme, mais elle a aussi été la cause principale des dommages que nous avons causés à l'environnement. Environ 10% de la surface du globe sont cultivés, 25% sont consacrés au pâturage de bovins et des ovins. Des activités menées sur une telle échelle ne peuvent manquer d'affecter les paysages à travers le monde.

La croissance de l'agriculture

À ses débuts, l'agriculture avait un impact minime sur l'environnement. De petites superficies de terres fertiles et plates étaient débarrassées de la flore naturelle et ensemencées. Graduellement, à mesure de l'occupation des terres cultivées d'accès facile et de la croissance démographique, les terres de cultures s'étendirent aux collines où furent parfois aménagées des terrasses afin de contrôler l'érosion. Dans certaines régions où l'eau était rare, on construisit des systèmes complexes d'irrigation pour rendre productrices des terres trop sèches. À mesure du développement de l'agriculture nécessité par l'accroissement démographique, les espèces sauvages furent repoussées vers des régions plus éloignées. Des paysages anciennement arides se couvrirent d'une végétation luxuriante, tandis que des régions fertiles étaient transformées en champs.

Aussi longtemps que la population demeura réduite, le sol fut maintenu en bon état, la quantité de menu et gros bétail limitée ; la plupart de ces changements étaient tolérables et ne compromettaient pas la fertilité future des terres. Disposant de ressources alimentaires abondantes, les populations pouvaient s'accroître, mais à la croissance démographique correspondait une extension des surfaces cultivées et pâturées. De nos jours l'explosion démographique mondiale est telle que l'augmentation de la productivité agricole s'impose pour satisfaire les besoins alimentaires de tous. Il existe peu de terres cultivables nouvelles, mais la presque totalité des terres productives est exploitée. Cette situation prélude au désastre. Lorsque des agriculteurs s'acharnent à labourer des terres impropres à la culture et à accroître les récoltes sur des terres déjà cultivées, de nombreux autres problèmes d'environnement risquent de surgir.

Érosion des sols

La terre arable est la couche superficielle du sol, riche en nutriments, dont dépend la croissance des végétaux. Il faut à la nature des siècles pour compenser la disparition de quelques cm de cette couche. Cependant, des milliards de tonnes de couche arable disparaissent chaque année, emportées par l'érosion, à cause de méthodes inadéquates de culture qui arrachent les plantes du sol. Lorsque la couche arable est lessivée ou emportée par le vent, la fertilité du sol diminue et l'agriculture dans la région est sujette à disparition.

De nombreux pays de collines en particulier souffrent de l'érosion du sol. Au Népal, par

△ Le vent peut emporter la couche arable exposée, vitale cependant pour l'agriculture.

△ L'érosion de cette colline en Espagne a laissé un flanc dénudé.

exemple, où la pression démographique a conduit à l'extension des cultures vivrières et de la production de bois de chauffage, les vastes forêts qui recouvraient les flancs des montagnes, il y a quelques décennies, sont en voie de disparition. Lorsqu'a disparu le couvert protecteur des arbres et de la flore qui maintenait le sol en place, la pluie délave rapidement le sol, et la couche arable est emportée dans les grands fleuves qui s'écoulent vers l'Inde et le Bangladesh. La situation est tellement grave que ce sol a été appelé « l'exportation népalaise la plus précieuse », une exportation sans profit, en pure perte. Les changements environnementaux au Népal se sont avérés dévastateurs. Les paysages dénudés et érodés à la suite de la déforestation ne sont pas seulement moins beaux, la terre s'est appauvrie. Sous la pression démographique, l'écologie de ces montagnes, qui a évolué durant 50 millions d'années, menace ruine, ce qui compromet la capacité de production alimentaire du pays.

Le Népal ne constitue pas un cas isolé. À travers le monde, des paysages autrefois luxuriants deviennent semi-désertiques par suite de la disparition de la couche arable. En Éthiopie, des millions d'hommes luttant pour survivre ont déjà détruit la plus grande partie de leurs forêts. Lorsqu'ils cultivent une terre ravagée par l'érosion, le problème s'aggrave. Selon des estimations, les parties montagneuses d'Éthiopie perdent annuellement un milliard de tonnes de terre arable.

Les engrais

L'érosion n'est pas l'apanage des nations en voie de développement. Les États-Unis, par exemple, connaissent des problèmes considérables d'érosion. Dans les grandes plaines du Midwest, où paissaient autrefois de grands troupeaux de buffles, s'étendent maintenant à perte de vue d'immenses champs dénudés, conséquence d'années de culture. Les champs dénudés sont sujets à l'érosion et les dégâts occasionnés sont extrêmement sérieux. On estime à quelque 5 milliards de tonnes les pertes annuelles de terre arable aux États-Unis, soit 8 fois plus que la reconstitution naturelle. En utilisant des engrais pour obtenir des récoltes, les agriculteurs ne font qu'occulter le problème. D'énormes quantités de ces nutriments artificiels sont répandues à grands frais sur les champs, pour remplacer non seulement ceux que les récoltes de l'année précédente ont assimilés, mais aussi ceux qui ont été emportés avec la couche arable.

La destruction de la forêt tropicale

Dans les forêts équatoriales et tropicales, la plupart des nutriments résident dans la végétation plutôt que dans le sol. Ces forêts prospèrent en absorbant les nutriments des déchets organiques tels que des feuilles mortes dont la décomposition est rapide dans la chaleur humide. Des végétaux qui meurent et pourrissent s'intègrent au sol et les nutriments qu'ils renferment assurent la pousse d'autres plantes. Lorsqu'une forêt est abattue, le sol perd sa fertilité parce qu'il n'y a plus de végétation en voie de décomposition. C'est de cette manière que les forêts tropicales qui possèdent la flore et la faune les plus riches et les plus variées du monde deviennent des déserts incultes. Ce processus se déroule actuellement sous les tropiques, en Asie du Sud et au Brésil en particulier, où de vastes superficies sont déboisées chaque année au profit de cultures, de pâturages et de la vente de bois de construction. Les paysans, qui occupent des terres déboisées pour les cultures, découvrent trop souvent que le sol est trop pauvre pour être productif. Chaque année, une région, comme la moitié de la France, couverte d'une forêt luxuriante, est déboisée et devient un maquis inculte où ne paissent que quelques bestiaux.

△ Près de 5 millions d'hectares de forêt tropicale ont été brûlés en Amazonie en 1988, provoquant l'extinction de nombreuses espèces.

Il est cependant possible d'exploiter les forêts tropicales sans les détruire. Les forêts regorgent d'écorces, de bois, de fruits, de médicaments potentiels et d'autres végétaux que l'on peut récolter. De surcroît, au fil des siècles, les habitants des forêts ont pratiqué la culture avec jachère forestière à longue révolution. Cette méthode qui respecte la forêt, consiste à défricher de petites parcelles forestières, à y pratiquer des cultures pendant quelques années puis à laisser la terre en jachère et à laisser la forêt adjacente combler la trouée durant un quart de siècle environ. Des générations ont utilisé cette méthode et exploité l'environnement sans l'endommager.

Malheureusement, la croissance démographique et la pauvreté forcent l'homme à l'abandon de ces pratiques. Les pays où poussent les forêts tropicales sont généralement très pauvres et les populations en expansion sont obligées de réduire le temps de récupération accordé aux parcelles forestières. La forêt est alors rapidement défigurée par des espaces désolés. Le paysage en mutation est une illustration marquante de la déforestation et de l'endommagement des sols dont dépendent les cultivateurs. Finalement, les forêts ne subsistent que sur les pentes raides, impropres à la culture. Ce processus s'est déjà déroulé dans certaines régions du monde. À Madagascar, par exemple, le paysage a radicalement changé au cours des dernières décennies: d'épaisses forêts ont laissé la place à des paysages désolés.

Les inondations

Le déboisement et l'érosion peuvent mener à des inondations catastrophiques. Par le feuillage et les racines de leurs arbres, les forêts, en amortissant et en filtrant les précipitations, facilitent leur lente absorption par le sol. Quand la couverture forestière est enlevée, la pluie lessive le sol au lieu d'y pénétrer. L'eau provenant de précipitations importantes s'écoule rapidement vers les cours d'eau qui se gonflent, débordent et provoquent des inondations. De nombreuses et récentes inondations au Bangladesh sont ainsi directement liées aux chutes de pluie sur les pentes déboisées de l'Himalaya. De plus, les sols lessivés de ces versants dénudés se mêlent aux flots des rivières de plaine au cours lent, en ralentissent ou en bloquent le courant, accroissant ainsi le risque d'inondations. Les vastes étendues aquatiques, qui s'étalent sur des km à travers des pays comme le Bangladesh au cours d'inondations, ne provoquent que des modifications temporaires du paysage, mais sont très meurtrières et laissent en se retirant des maisons et des récoltes détruites.

Les dégâts dus au bétail

La croissance démographique a entraîné l'augmentation du cheptel, qui à son tour transforme le paysage. Il y a maintenant plus de trois milliards de vaches, moutons et chèvres qui ont besoin pour vivre d'une superficie deux fois plus grande que celle nécessitée par l'agriculture. De nombreux endroits surpâturés se transforment en déserts car la végétation n'a pas le temps de repousser. Dans certaines parties du Moyen-Orient par exemple où la surpopulation animale dépasse de loin

△ Le surpâturage peut transformer en désert une région fertile.

les capacités fourragères du terrain, de graves dommages se produisent. Quand une pâture a été à ce point rasée qu'elle ne peut plus nourrir des troupeaux de moutons, chèvres et chameaux occupent le terrain. À la longue, les dégâts prennent une importance telle que la terre ne peut plus subvenir aux besoins alimentaires de ces animaux et le terrain, de broussailleux et herbager, peut se transformer en semi-désert. C'est le phénomène de désertification. La population humaine et animale constitue l'une des raisons majeures de l'expansion des déserts dans le monde. En Afrique, par exemple, le Sahara s'étend dans toutes les directions; laissant les populations sans terres de culture ou d'élevage. La désertification apparaît aussi là où le désert n'existait pas.

△ La superficie de la mer d'Aral a été détruite de moitié.

Les modifications environnementales causées par les troupeaux de bétail ne constituent en aucune manière un phénomène récent. Dans bon nombre de régions accidentées de Grande-Bretagne par exemple, l'introduction du mouton a eu un impact significatif sur la création des paysages d'aujourd'hui. De nombreuses régions à présent recouvertes de bruyères furent un jour boisées. À mesure de l'accroissement de la demande de bois de construction et de chauffage, des arbres ont été abattus. En mangeant les bourgeons des jeunes arbres, les moutons empêchent le reboisement et jouent un rôle capital dans la transformation du paysage. De nos jours, de nombreuses îles lacustres, inaccessibles aux moutons, sont recouvertes d'arbres et de plantes rappelant l'aspect ancien des bruyères actuelles.

Problèmes d'irrigation

Des problèmes peuvent surgir même aux endroits où l'homme tente d'améliorer l'environnement, en irrigant des terres desséchées pour y pratiquer des cultures par exemple. Durant quelques années, l'irrigation peut faire prospérer une région sèche. Cependant, là où le drainage n'a pas été effectué convenablement, l'irrigation risque de rendre le sol trop humide pour la culture. Des sels s'accumulent dans le sol à mesure de l'évaporation de l'eau. Les vastes étendues blanchâtres créées de cette manière sont incapables d'abriter quelque vie végétale que ce soit. Le problème est particulièrement aigu dans des régions comme le Pakistan et l'Iraq. Ironie du sort, un sol peu fertile peut par conséquent être endommagé par l'irrigation et, au lieu d'offrir un paysage luxuriant, conduire à la création de déserts.

Les activités humaines ont eu d'autres effets sur les sources naturelles d'eau. À certains endroits, l'eau prélevée dans les fleuves pour alimenter de gigantesques projets d'irrigation ou pour subvenir aux besoins de populations urbaines a marqué l'environnement d'un impact considérable. La superficie de la mer d'Aral, une immense mer intérieure, a été réduite à 60%. Au rythme actuel de cette réduction, elle pourrait disparaître dans les 30 ans. Cette mer était alimentée précédemment par de grands fleuves dont l'eau a été partiellement détournée pour l'irrigation. La mer d'Aral s'évapore tout simplement, ce qui laisse augurer des désastres écologiques et climatiques dans la région.

Les villes grandes et petites

L'agriculture n'est qu'une des causes humaines d'altération du paysage. La société industrielle moderne, où l'industrie procure plus d'emplois que l'agriculture, s'est traduite par la construction de nombreux ouvrages : barrages, usines, etc. Une petite maison nichée dans la forêt n'a guère d'effet sur l'ensemble du paysage, mais un agglomérat de nombreuses habitations a un impact considérable. Il est difficile d'imaginer que les paysages urbains que nous avons créés ont remplacé des champs verdoyants, des forêts et des prairies. Le béton recouvre maintenant de vastes zones. Des villes comme Los Angeles, Londres, Tokyo et Djakarta en Indonésie s'étendent sur des km.

Villages et villes ont généralement pris naissance au cœur de régions fertiles où la culture vivrière pouvait se pratiquer. Les fermes nourrissaient la population de ces colonies humaines. Mais les villes, en s'étendant, englobaient des terres précédemment agricoles. Au cours des dernières années, dans beaucoup de pays les plus pauvres, les villes ont littéralement explosé à mesure de leur invasion par des masses de populations rurales fuyant la pauvreté. Des centres urbains importants comme Mexico, Lagos au Nigeria et Bombay en Inde s'accroissent à un rythme alarmant.

À la campagne également, la croissance démographique a accru le besoin d'habitations et les zones bâties se sont étendues au détriment des terres arables.

Autres structures

L'habitat n'est pas seul à couvrir une fraction croissante de la surface du globe ; nous construisons d'autres ouvrages. Nous nous émerveillons aujourd'hui devant bon nombre de monuments érigés par nos ancêtres sans l'aide de la technologie moderne. Des points de repère comme les pyramides d'Égypte et la Grande Muraille de Chine affectent le paysage – en fait la Grande Muraille est même visible à l'œil nu, de l'Espace. Cependant ces ouvrages anciens sont peu nombreux et éloignés les uns des autres. Il est devenu courant de construire des milliers de structures énormes. Nos paysages sont émaillés d'usines, de centrales et de grands barrages. Les campagnes

Projets de barrages

Les barrages permettent la production d'énergie sans pollution atmosphérique mais ils peuvent avoir un impact dévastateur. Le barrage d'Itaipu a submergé quelque 18 000 ha de forêts, provoqué le déplacement de 50 000 personnes et l'extinction de certaines espèces.

△ Hongkong, village de pêcheurs il y a 200 ans.

sont tissées d'un réseau routier en expansion, le béton et le tarmac s'étendent sur des km de ce qui fut un jour recouvert d'une flore. Peu de paysages occidentaux ont échappé à l'installation de milliers de pylones pour lignes à haute tension. Des millions de km de câbles suspendus à quelques mètres au-dessus du sol altèrent considérablement le paysage. L'exploitation minière laisse derrière elle des fosses béantes et des collines artificielles, signes marquants de certains paysages modernes.

La pollution

Une autre conséquence des activités humaines sur l'environnement est moins apparente que d'autres: la pollution. L'épandage de produits chimiques sur les champs, les décharges de produits industriels, l'émission de gaz produits par la combustion des carburants polluent l'environnement. Les nombreuses formes de pollution peuvent modifier le paysage de différentes manières. Certains des effets les plus graves de la pollution menacent notre existence même.

Les pluies acides

Quelque 100 millions de tonnes d'anhydride sulfureux sont émises annuellement dans l'atmosphère par la combustion de matériaux fossiles (charbon, pétrole et gaz) dans les centrales et les véhicules. La transformation d'anhydride sulfureux en acide sulfurique dans l'atmosphère est à l'origine des pluies acides et d'autres polluants qui endommagent la végétation, les bâtiments et peuvent nuire à la santé de l'homme et des animaux. Partout dans le monde, des forêts meurent victimes de pluies acides. Dans certaines parties de l'Allemagne, des régions couvertes de forêts épaisses il y a 10 ans sont maintenant dénudées. Il ne reste que les squelettes d'arbres morts. Les adaptations jugées nécessaires pour réduire de moitié les émissions de gaz générateurs de pluies acides coûteraient aux pays de la Communauté économique européenne au moins 5 milliards de dollars d'ici à la fin du siècle.

△ Les pluies acides ont endommagé cette forêt.

Le réchauffement global

Une conséquence plus grave encore de la pollution est le réchauffement global de l'atmosphère qui porte en lui les germes de modifications de l'environnement plus importantes encore que celles que nous avons connues. L'anhydride carbonique et d'autres gaz emprisonnent naturellement la chaleur dans l'atmosphère (c'est l'effet de serre). Ce phénomène maintient la température de la Terre à un niveau convenant aux êtres vivants. Cependant, les sociétés industrielles dépendent de quantités considérables d'énergies fossiles. L'une des conséquences de l'utilisation de ces combustibles fossiles est la hausse rapide du taux de dioxyde de carbone dans l'atmosphère. La plupart des scientifiques estiment à l'heure actuelle, qu'en accroissant la quantité d'anhydride carbonique, l'homme provoquera le réchauffement de l'atmosphère terrestre. L'adaptation de la vie végétale à cette élévation des températures sera-t-elle possible ? Le rythme des changements peut, par sa rapidité, compromettre la survie de nombreuses espèces, forêts et cultures incluses. Il peut être impossible de déplacer nos cultures de base vers des régions plus humides et plus chaudes, au sol propice. Une certitude émerge cependant, c'est que de nombreux paysages seront radicalement modifiés. Les experts craignent une élévation du niveau des mers et la submersion des basses terres côtières à mesure du réchauffement de la planète. On estime que des millions de km^2 de ces terres pourraient être submergés.

Il est impossible de réduire la quantité d'émissions d'anhydride carbonique tant que des carburants fossiles seront brûlés. La façon la plus réaliste de résoudre ce problème est de consommer moins de charbon, de pétrole et de gaz. Une action internationale doit être entreprise car, si l'émission de gaz à effet de

△ L'accroissement de l'effet de serre peut provoquer des tempêtes violentes.

◁ Les hivers sans neige dans les Alpes constituent un symptôme du réchauffement global !

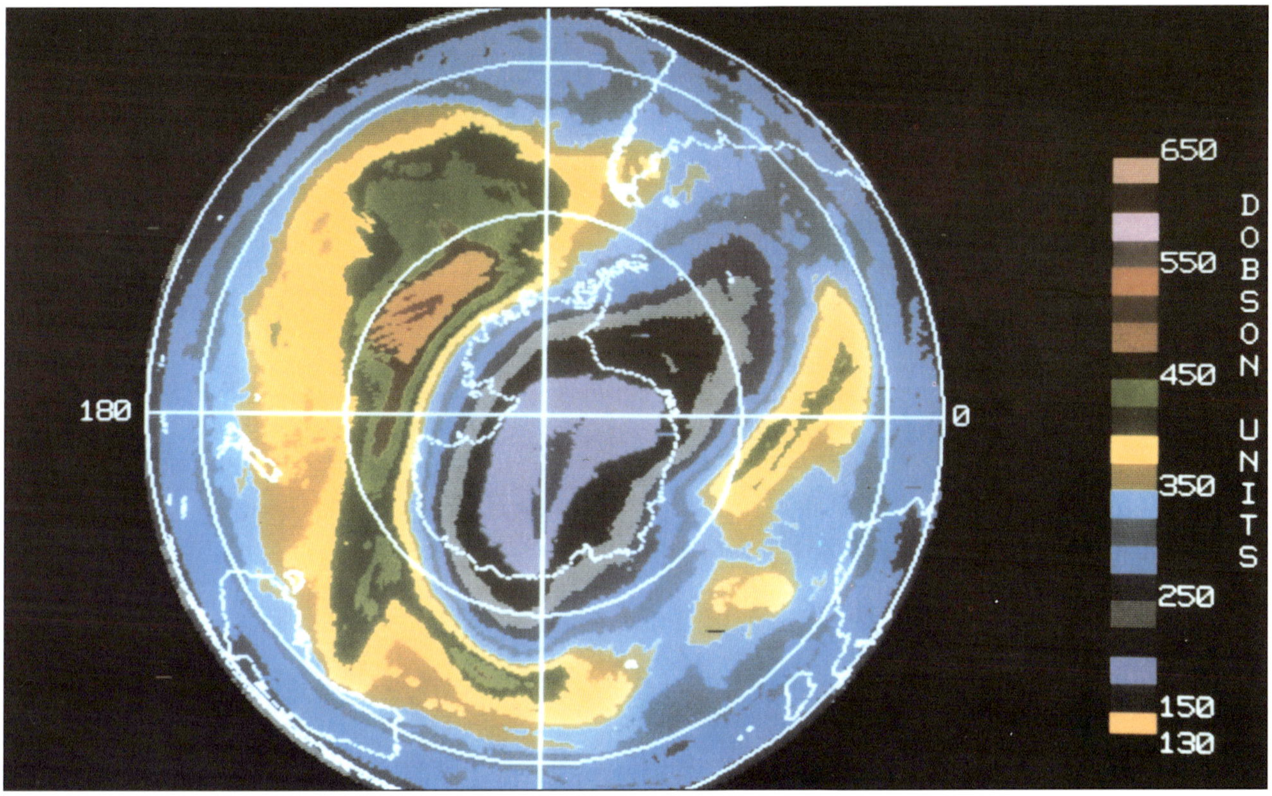

△ Photo, prise par satellite, du trou dans la couche d'ozone

serre se poursuit au taux actuel, les changements climatiques seront au cours du siècle prochain, plus rapides que jamais depuis la dernière glaciation. Dans cette hypothèse, le climat mondial à la fin du 21e siècle pourrait devenir plus chaud qu'il ne l'a été au cours des deux millions d'années écoulées.

Le trou dans la couche d'ozone

Une autre forme de pollution menace cependant l'environnement planétaire. Le dégagement de certains gaz contribue à l'appauvrissement de la couche d'ozone. Ce gaz atteint sa concentration maximum dans l'atmosphère à des altitudes de 15 à 30 km. La couche d'ozone filtre les rayons ultraviolets du Soleil qui peuvent être à l'origine de cancers de la peau et d'autres dommages aux êtres vivants. Certains composés chimiques de synthèse détruisent cette couche en se répandant dans l'atmosphère, notamment les chlorofluorocarbones (CFC) utilisés dans les systèmes de conditionnement d'air, les réfrigérateurs, certaines mousses synthétiques et l'industrie électronique.

En 1984, un trou dans la couche d'ozone fut repéré au-dessus de l'Antarctique, et actuellement l'ozone se raréfie au-dessus de l'Arctique. Bien que les savants ne soient pas en mesure de prévoir l'endommagement de la couche d'ozone, laisser son appauvrissement s'amplifier pourrait provoquer des effets néfastes. Un accroissement important du rayonnement ultraviolet pourrait affecter le plancton, ces organismes minuscules constituant la base de la chaîne trophique. La diminution du plancton affecterait toute la vie dans les océans car de nombreuses espèces, y compris les baleines, en dépendent. Un processus analogue pourrait se dérouler sur terre, toucher la flore et la faune, ce qui aurait des conséquences graves sur l'environnement. Si notre attitude se borne à l'expectative, il sera probablement trop tard un jour pour réparer les dommages occasionnés. Un pas a été fait pour réduire la production de gaz destructeurs de la couche d'ozone. De nombreux pays ont signé en 1987, un accord international, le protocole de Montréal, par lequel les signataires s'engagent à arrêter l'utilisation des CFC les plus nuisibles.

Contraintes sur l'environnement

La plupart des activités humaines affectent l'environnement. La vitesse des changements a récemment fait l'objet de préoccupations. La destruction des forêts tropicales et l'expansion des villes constituent deux des transformations les plus évidentes des 50 dernières années. Cependant, les dégâts les plus graves proviennent de l'agriculture et peu de régions y ont échappé.

Population

Le nombre d'habitants de la planète augmente rapidement et sans cesse, mais les ressources et les terres de cultures sont limitées.

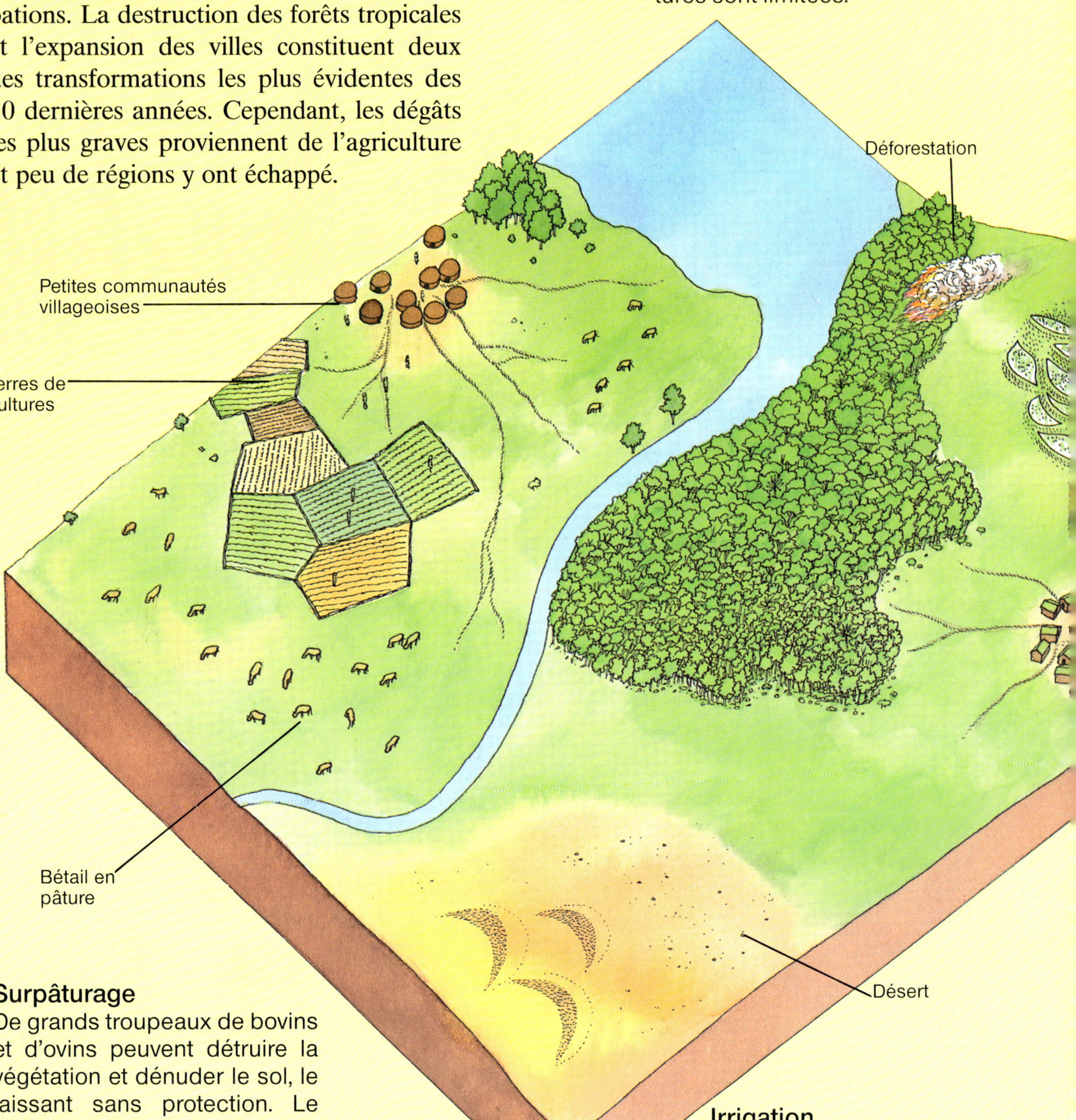

Surpâturage

De grands troupeaux de bovins et d'ovins peuvent détruire la végétation et dénuder le sol, le laissant sans protection. Le vent et la pluie balaient la couche arable et le sol devient stérile. C'est un problème sérieux aux confins des déserts.

Irrigation

Un drainage défectueux dans les régions sèches peut saturer d'eau le sol et le rendre impropre à la culture.

Zones urbaines

Au cours des dernières décennies, les villes se sont considérablement étendues. Souvent bâties dans des régions fertiles, leur expansion a entraîné une réduction des superficies cultivables.

Agriculture intensive

Les agriculteurs occidentaux appliquent des techniques modernes de culture qui leur permettent d'exploiter de vastes superficies et d'améliorer le rendement par hectare des mêmes cultures. Cette surexploitation peut favoriser l'érosion et compromettre la production alimentaire dans l'avenir.

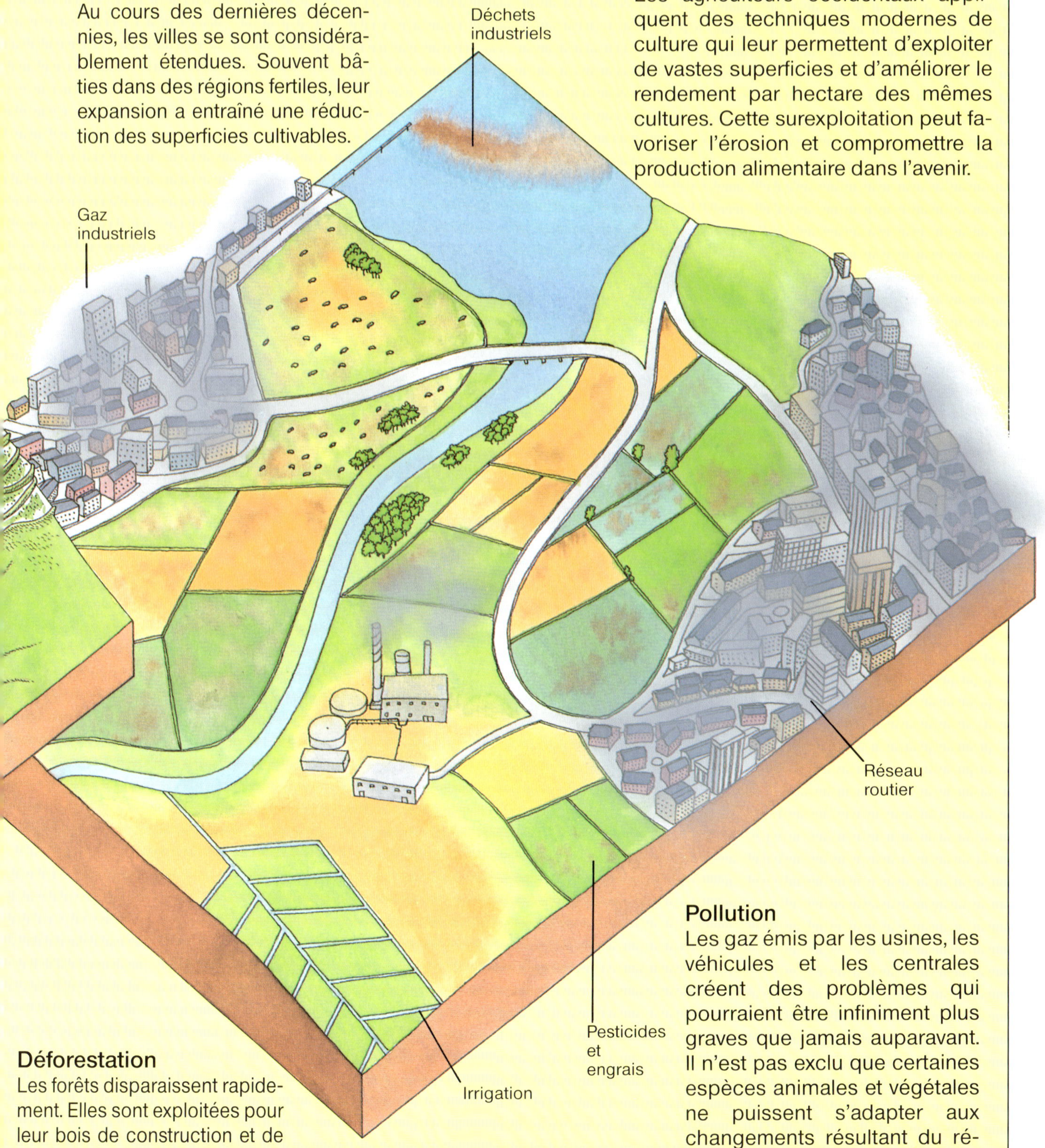

Déforestation

Les forêts disparaissent rapidement. Elles sont exploitées pour leur bois de construction et de chauffage ainsi qu'au profit de l'élevage et de la culture.

Pollution

Les gaz émis par les usines, les véhicules et les centrales créent des problèmes qui pourraient être infiniment plus graves que jamais auparavant. Il n'est pas exclu que certaines espèces animales et végétales ne puissent s'adapter aux changements résultant du réchauffement planétaire.

Chapitre 3

ENSEIGNEMENTS DU PASSÉ

Souvent, les jeunes répugnent à admettre l'imminence d'une catastrophe. Ceux qui clament leur crainte sont accusés de défaitisme et nombreux sont ceux qui soulignent que nous sommes toujours parvenus à nous en tirer dans le passé. Cette affirmation est en fait très éloignée de la vérité. Certains archéologues croient que les dommages environnementaux marqués par des changements de paysage ont presque certainement contribué au déclin et à la mort d'importantes civilisations anciennes. Nous n'avons pas la certitude que la technologie pourra nous protéger des dommages que nous infligeons aujourd'hui à l'environnement. L'homme y est parvenu jusqu'à présent en tirant des leçons des erreurs du passé et en adaptant son action en conséquence. C'est là un défi à relever aujourd'hui.

La Grèce ancienne

Platon, un philosophe du 4e siècle avant J.-C., nous a légué une image frappante des dommages causés par l'homme à l'environnement il y a quelque 25 siècles. Mentionnant sa Grèce natale, il écrit : « Il y a longtemps, le sol était meilleur que tous les autres et ses récoltes des plus abondantes... C'était le meilleur sol au monde, l'eau s'y trouvait à profusion, le climat était tempéré. Mais au fil des ans, des pluies torrentielles ont lessivé le sol, dénudé les sommets et emporté la terre arable dans les profondeurs de la mer. Il ne reste qu'un squelette décharné, usé par la maladie. Avant ces événements, les hautes montagnes étaient recouvertes de terre et plantées d'arbres. Mais actuellement, certaines d'entre elles ne subviennent plus qu'aux besoins des abeilles. Anciennement, la montagne regorgeait de fourrage pour le bétail, mais les arbres ont été abattus pour construire de grands bâtiments... Avant que les terres ne soient dénudées, le sol

◁ L'Acropole d'Athènes témoigne du degré de civilisation de la Grèce ancienne. Mais les dommages causés à l'environnement ont compromis l'essor de cette civilisation.

bénéficiait des pluies annuelles. L'eau était abondante et les réserves se reconstituaient de façon tout à fait régulière. Actuellement, l'eau ruisselle sur le sol dénudé et s'écoule dans la mer. »

Platon n'était pas le seul à exprimer sa préoccupation. Quelques siècles avant lui, d'autres critiquaient la pratique de culture des terrains en pente, car l'agriculture provoquerait l'érosion. Mais cette opinion fut ignorée sous la pression des populations : les pentes furent mises en culture tant qu'il resta un peu de terre arable. Le témoignage de Platon indique que, bien avant l'apogée de la civilisation grecque, les activités humaines avaient déjà occasionné de sérieux problèmes locaux d'environnement. Ces problèmes soumirent les approvisionnements de la Grèce à une dépendance croissante de régions plus éloignées. Il paraît probable que les dégâts causés à l'environnement ont compromis l'autarcie vivrière grecque et finalement le succès de sa civilisation.

L'Empire romain

L'Empire romain (500 av. J.-C. – 500 ap. J.-C.) a souffert de problèmes similaires. Les Romains ont détruit leurs forêts pour cultiver les terres, se procurer du bois de chauffage et de construction. L'érosion s'ensuivit et, avec elle, l'ensablement des fleuves. Les champs se transformèrent en marécages. Les moustiques y pullulèrent et devinrent vecteurs de la malaria à Rome. L'Empire romain dura plus longtemps que la Grèce antique, probablement parce que ses armées étaient plus fortes et pouvaient assurer, par les provinces, la continuité du ravitaillement de la capitale. Cependant, en dépit de la puissance de leurs armées, les Romains ne pouvaient pas dépendre indéfiniment de sources éloignées. Les régions riches d'Afrique du Nord, qui fournissaient aux Romains une grande partie de leur grain, furent surexploitées et finirent par devenir stériles. De nos jours, plus de 2 000 ans plus tard, les versants italiens et les terres d'Afrique du Nord ne sont pas encore complètement remises de leur surexploitation par l'agriculture romaine.

Déclin des Sumériens

On enregistre, bien avant Platon déjà, des désastres écologiques assez importants pour avoir provoqué le déclin des civilisations. La civilisation sumérienne florissante sur les rives du Tigre et de l'Euphrate, dans ce qui est maintenant l'Iraq, était à son apogée il y a près de 4 000 ans. De toutes les civilisations c'est la plus ancienne qui soit connue. Les Sumériens ont édifié des monuments extraordinaires et inventé l'écriture. Malgré la sécheresse de la région qu'elles occupaient, une fois irriguées, les larges plaines inondables du Tigre et de l'Euphrate se sont révélées fertiles. Les deux fleuves fournissaient assez d'eau pour transformer les déserts arides en champs fertiles.

Des archéologues ont calculé qu'à l'apogée de leur civilisation, les rendements céréaliers obtenus par les Sumériens étaient comparables à ceux des champs de blé fertiles d'aujourd'hui en Occident. Les agriculteurs disposaient de vastes excédents alimentaires, ce qui favorisa la croissance démographique et l'édification de villes énormes. On estime que Ur la plus grande d'entre elles, a, dans sa splendeur, abrité jusqu'à 300 000 âmes. L'homme transformait le paysage pour améliorer ses conditions de vie en construisant de vastes réseaux d'irrigation, par exemple. De cette manière, la civilisation sumérienne fut florissante pendant plus de 1 000 ans.

Mais, graduellement, à mesure qu'un soleil ardent provoquait l'évaporation de l'eau des champs irrigués, des sels se formèrent dans le sol, qui finit par perdre de sa fertilité pour devenir, à terme, improductif. Dès 1700 av. J.-C., les grandes villes sumériennes avaient, faute de vivres en suffisance, amorcé leur déclin. Elles furent progressivement laissées à l'abandon ou réduites à l'état de bourgades. C'est le premier exemple connu d'une civilisation subissant un désastre écologique majeur. La population de l'époque avait tout simplement épuisé l'environnement, et le paysage s'était lentement transformé à mesure que les grands édifices disparaissaient, ensevelis sous les sables du désert.

Une autre civilisation ancienne, qui fut victime de son propre impact sur l'environnement, a prospéré dans la vallée de l'Indus – maintenant le Pakistan – vers 2500 av. J.-C. On sait peu de chose sur les raisons de son déclin, mais les experts croient probable l'hypothèse de la déforestation graduelle nécessitée par le besoin de terres cultivables et de bois de chauffage. L'érosion et les inondations subséquentes ruinèrent la société.

Le déclin des Mayas

De l'autre côté du globe, en Amérique centrale, des causes analogues ont probablement provoqué la chute de la civilisation maya, qui était florissante entre 500 av. J.-C. et 900 ap. J.-C., sur ce qui constitue actuellement la plaine guatémaltèque. La croissance démogra-

△ Ces pyramides mexicaines sont des vestiges de l'Empire maya.

phique se poursuivit et la population atteignit environ 5 millions d'âmes.

Les sédiments collectés au fond des lacs voisins de ruines maya montrent que la surexploitation du sol a provoqué une érosion des champs, puis entraîné la stérilité de la région et contribué à l'effondrement de la civilisation.

Problèmes modernes

De nos jours la situation fâcheuse dans laquelle nous nous trouvons est aussi grave que celle qui a provoqué le déclin de la civilisation des rives de l'Euphrate. Elle s'en distingue cependant par deux différences majeures: l'expansion démographique des 5 derniers millénaires qui a porté la population mondiale de quelque 100 millions d'hommes à plus de 5 milliards a certes exercé un effet négatif. Les contraintes que faisaient peser les Sumériens et les Mayas sur l'environnement étaient limitées à des régions spécifiques. Aujourd'hui des populations nombreuses en expansion continue endommagent l'environnement mondial. Les signes visibles sont la transformation du paysage de tous les continents. Cependant, la civilisation moderne dispose d'atouts: elle appréhende les problèmes que nous créons, et la technologie peut nous aider à maîtriser les dommages. Peut-être pouvons-nous maintenant interrompre le cycle fatal qu'ont connu les civilisations éteintes.

Paysages en mutation aux États-Unis

Les colons arrivés en Amérique du Nord découvrent l'un des environnements les plus riches du monde. À mesure de leur progression vers l'Ouest, des bandes forestières sont défrichées au profit de constructions et de cultures, et la prairie labourée. Les colons commencent à transformer le paysage et exploitent les ressources naturelles comme si elles étaient inépuisables. Cette mentalité persiste de nos jours. L'expansion des villes absorbe par an des millions d'ha de terres de cultures. De surcroît, les méthodes d'agriculture utilisées occasionnent des dommages considérables. Plus de 100 millions d'ha sont en voie de désertification et un tiers des terres de culture irriguées dans les États de l'ouest donne des signes de salification. L'érosion emporte la couche arable de 50 millions d'ha de terres cultivables, dont 10% sont déjà irrécupérables.

Si des facteurs climatiques aggravent les problèmes américains, provoquant sécheresses ou tempêtes, le ravitaillement alimentaire mondial pourrait être menacé. Au cours des années 1980, les États-Unis exportaient 120 millions de tonnes de grain. Si les ressources alimentaires se raréfient, l'instabilité économique, sociale et politique pourrait se répandre à travers le monde. Nous pouvons nous inspirer des expériences fatales des civilisations du passé. Nous devrions nous soucier davantage des changements en cours dans nos paysages. Ils peuvent constituer des signes précurseurs des crises qui nous menacent.

◁ Les États-Unis disposent de silos à grain pour les périodes de disette, mais des sécheresses répétées ont réduit les stocks.

Chapitre 4

MODIFIER NOS PRIORITÉS

L'une des causes majeures du déclin des civilisations maya, sumérienne et de l'Indus est la stérilisation progressive des terres résultant des méthodes de culture. En l'absence de terres productives pourvoyant largement les populations en produits alimentaires, la stabilité nécessaire à l'épanouissement de ces civilisations s'évanouissait et le déclin devenait inévitable. Il paraît sage, par conséquent, de réviser nos méthodes de culture, notre utilisation des ressources et notre volume de population avant qu'il ne soit trop tard. Nous disposons des moyens nécessaires à inverser le cours des problèmes que nous avons créés. Par exemple, en favorisant l'utilisation d'engrais organiques naturels dans les régions riches, nous pouvons réduire notre dépendance à l'égard des produits chimiques.

L'agriculture moderne

Depuis le début du siècle, partout dans le monde, les méthodes de culture ont été profondément modifiées. Les premiers agriculteurs pratiquaient la culture comme de nombreux cultivateurs des forêts tropicales le font encore avec succès. Ils cultivaient les mêmes parcelles durant quelques années, puis les laissaient en jachère avant d'en cultiver d'autres. La terre au repos se couvrait de flore sauvage et en recupérait des nutriments. Cette pratique était courante jusqu'au 19e siècle.

C'est alors que les agriculteurs découvrent les avantages de l'assolement quadriennal, où des champs sont ensemencés chaque année d'espèces différentes qui n'absorbent du sol que certains nutriments et lui en fournissent d'autres. Cette méthode permet des cultures différentes, mais continues.

Peu après, les scientifiques mettent au point des composés chimiques de synthèse, pesticides et engrais qui augmentent le rendement des terres. Cette découverte est à la base des méthodes de culture actuelles. Elle rend possible la monoculture dans une région, en y

◁ Cette vue d'un paysage livré à l'agriculture montre quelques effets secondaires négatifs : sol exposé et absence de haies mènent à l'érosion ; la monoculture peut mener à la stérilité du sol. Il nous faut adopter des méthodes raisonnables de production d'aliments pour assurer notre survie.

semant les mêmes espèces année après année et en remplaçant les nutriments perdus par des engrais artificiels. Mais cette méthode a l'inconvénient de favoriser le développement des maladies et la prolifération de certains insectes indésirables car elle tue les prédateurs naturels, si bien que les cultivateurs sont obligés d'utiliser des pesticides en grandes quantités.

Contraintes sur le paysage

À mesure de l'expansion de l'agriculture, arbres, buissons et haies sont arrachés et le processus se poursuit. Des pâtures autrefois recouvertes de centaines d'espèces végétales sont labourées et ensemencées de façon à ne produire qu'une seule espèce. Des régions aux cultures variées sont devenues des déserts de blé, car la monoculture est passée reine. Leur habitat détruit de nombreux oiseaux et animaux sauvages qui ont pratiquement disparu.

Il ne fait pas de doute cependant que les rendements ont considérablement augmenté à mesure du développement des méthodes de culture. Certains y voient la preuve que ces nouvelles méthodes sont hautement efficaces. Nous devrions pourtant nous rappeler que ce qui prime c'est l'aptitude de la terre à subvenir aux besoins alimentaires des hommes et des animaux qui en dépendent non seulement maintenant, mais aussi dans un avenir plus éloigné. Il paraît évident dès à présent que les pratiques agricoles modernes seront incapables de maintenir à leur niveau actuel les rendements atteints, qu'elles pourraient provoquer l'extinction de nombreuses espèces sauvages et endommager sérieusement l'environnement.

En adoptant des méthodes modernes de culture, les pays les plus riches appauvrissent de manière continue leurs terres cultivables. De grandes étendues dépourvues d'arbres sont condamnées à l'érosion et bien que nous puissions temporairement compenser par des engrais une fertilité perdue, la couche arable est essentielle à la culture. Souvent elle ne se renouvelle pas au rythme de sa disparition. Un autre problème est la pénétration dans l'eau et les aliments des pesticides répandus sur les champs. Les insectes et les plantes nuisibles sont de plus en plus résistants à l'action des pesticides. Leurs prédateurs naturels, tels les oiseaux et les araignées, disparaissent rapidement par empoisonnement ou par suite de la destruction de leur habitat.

L'agriculture intensive, dévoreuse d'énergie

L'agriculture moderne utilise des flottes de tracteurs et d'autres machines dévoreuses d'énergie. La fabrication de pesticides et d'engrais en requiert également une grande quantité. Il faut environ une tonne de pétrole pour fabriquer une tonne d'engrais azoté. De 1950 à 1983, la consommation annuelle moyenne d'engrais par habitant de la planète est passée de 5 à 25 kg.

Cette consommation ne pourra se poursuivre dans le futur parce que les réserves de combustibles fossiles s'épuisent. La consommation de pétrole par les machines agricoles provoque également l'émission d'anhydride carbonique qui contribue au réchauffement global. Ironie du sort : à mesure que l'agriculture moderne contribue à l'érosion du sol et détruit les équilibres naturels, des quantités plus grandes d'engrais seront nécessaires, et la quantité d'énergie nécessaire à la même production devra augmenter. Il y a urgence à modifier notre approche du problème, à rétablir la diversité qui existait autrefois dans notre environnement et à laisser la nature, pas le pétrole, fournir la plus grande partie de l'énergie requise pour assurer nos récoltes alimentaires.

L'option organique

Une des manières d'éviter les effets négatifs de l'agriculture moderne est de favoriser l'option organique naturelle. Au lieu d'utiliser des engrais chimiques et des pesticides, l'agriculture organique recourt à la rotation des cultures et au fumier pour garder au sol sa fertilité : elle bannit tous les produits chimiques. Pour combattre insectes et plantes nuisibles, elle veille au maintien des haies, favorise le développement d'espèces nombreuses, et s'assure ainsi du concours des prédateurs naturels pour détruire les insectes nuisibles. L'agriculture organique rencontre un succès croissant.

Le mouvement Chipco

Les femmes Chipco de l'Himalaya en Inde se suspendent aux arbres pour empêcher leur abattage industriel. Depuis le début de leur action dans les années 1970, elles ont sauvé de nombreuses forêts et s'affairent au reboisement des versants dénudés ainsi qu'à d'autres projets.

△ La mante religieuse est un prédateur efficace.

L'agriculture dans les pays en voie de développement

Les problèmes associés aux techniques agricoles modernes n'affectent pas que le monde industrialisé. À la suite de méthodes désastreuses de culture, de nombreux pays en voie de développement sont confrontés à des problèmes encore plus graves. Chaque région a un problème différent. Il est donc difficile de généraliser, mais, souvent, l'influence occidentale est coupable. Dans certaines parties d'Afrique, par exemple, avant l'interférence occidentale, il existait un système, à la fois simple et complexe, de relations entre les pasteurs et les cultivateurs vivant dans des régions où des sécheresses persistantes rendaient la culture difficile. Les cultivateurs occupaient les meilleures terres et échangeaient une partie de leurs récoltes, sorgho et millet principalement, contre de la viande et du lait produits par les pasteurs nomades, qui vivaient sur des terres d'un plus maigre rendement et se déplaçaient sans cesse pour que leur bétail n'élimine pas totalement la végétation éparse qu'ils paissaient.

Les cultures commerciales

À leur arrivée, les Occidentaux introduisent les cultures commerciales — cultures pratiquées pour leur valeur à l'exportation. Souvent ils s'emparent des meilleures terres, forçant les agriculteurs indigènes à émigrer vers des régions plus pauvres et les pasteurs nomades vers les confins du désert. Les pasteurs perdent leur liberté de mouvement et leurs troupeaux surpâturent des terres vulnérables. Résultat : le désert s'étend. Les relations entre cultivateurs et pasteurs se dissolvent aussi parce que, joignant péniblement les deux bouts à partir de terres plus pauvres, ils n'ont plus rien à échanger.

Lorsque dans ces régions commencent à se manifester régulièrement des famines, les pays industrialisés occidentaux s'efforcent d'apporter leur aide. Trop souvent, ils ne font qu'intro-

△ La récolte du thé en Tanzanie est commerciale. Cette terre est perdue pour l'alimentation indigène.

△ Les tentatives chinoises de contrôler l'explosion démographique l'ont trop ralentie.

▷ En Europe, le taux de croissance démographique est bas, mais la population y est dense.

▷▷ Des populations en expansion et la croissance industrielle nécessaire à la production de biens provoquent la recherche de ressources et accentuent la défiguration.

duire les méthodes de culture qui leur sont familières. Celles-ci peuvent causer en Afrique plus de dommages qu'en Occident. Les conseillers occidentaux ignorent souvent la complexité des systèmes agricoles expérimentés par les Africains au cours des siècles. Les méthodes indigènes de culture ne requièrent ni engrais onéreux, ni plans d'irrigations, mais dépendent d'une exploitation raisonnable de la terre, tenant compte de l'environnement.

L'explosion démographique

L'expansion agricole endommage le paysage. La croissance démographique a forcé les agriculteurs à accroître le rendement de leurs terres – la même cause qui a provoqué le déclin des civilisations sumérienne, grecque, romaine, maya et de l'Indus. Paradoxalement, c'est la réussite de ces sociétés qui a contribué à leur déclin. En élaborant des structures économiques et sociales sophistiquées, elles ont pu produire les surplus agricoles nécessaires au ravitaillement de grandes villes dont les habitants jouissaient d'un niveau de vie bien supérieur à celui de populations vivant ailleurs. Mais à mesure de la croissance démographique, la demande en produits alimentaires augmentait. Les agriculteurs furent poussés à surexploiter leurs terres. Les contraintes imposées à la terre finirent par l'épuiser, les récoltes diminuèrent et les sociétés s'effondrèrent. Un sort analogue guette nos sociétés. Le progrès technologique sera vain si nous sommes incapables de pourvoir à nos besoins alimentaires.

Le contrôle de la croissance démographique

La pression démographique est à l'origine de nombreux cas de dommages à l'environnement et d'altération du paysage. L'explosion démographique d'aujourd'hui est sans précédent. Au taux actuel de croissance, la population mondiale aura doublé en 2030, ce qui fera peser sur l'environnement un fardeau insupportable.

Les politiques de contrôle de la croissance démographique ont donné des résultats décevants et, jusqu'à présent, la plupart des tentatives n'ont guère eu d'impact. L'homme peut théoriquement infléchir la courbe de la crois-

sance démographique en utilisant les multiples moyens de contrôle des naissances. Malheureusement, le contrôle des naissances s'apparente au syndrome des randonneurs. La plupart des gens ne perçoivent que l'impact de leurs actions individuelles qui, prises isolément, sont peu significatives, mais ont un effet considérable si elles sont additionnées. De nombreuses familles, surtout dans les pays pauvres où l'instruction est quasi nulle, ne comprennent pas la nécessité du contrôle des naissances. L'éducation sera donc la clef du succès des programmes futurs de planification familiale. Le problème est compliqué dans les pays pauvres où les ressources des familles dépendent du nombre de bras disponibles. De plus, si le taux de mortalité infantile est élevé, les femmes auront plus d'enfants pour compenser les décès. Il y a, par conséquent, des chances de voir baisser le taux des naissances si les soins de santé et le niveau de vie s'améliorent.

Le contrôle des naissances est un problème délicat. Certains s'opposent à la contraception au nom de principes moraux ou religieux, ce qui explique notamment pourquoi la recherche d'une véritable solution n'a pas mobilisé toute l'attention nécessaire. Mais la perspective du doublement de la population mondiale dans les 40 prochaines années signifie qu'il n'y a maintenant plus de temps à perdre.

Le contrôle de l'utilisation des ressources

L'exploitation des ressources minérales et énergétiques requiert également un contrôle. Nous devons réduire les pertes de terres agricoles fertiles dues à l'expansion des zones urbaines, à la construction des routes, de barrages, etc. Une planification intelligente y contribuerait. Les villes devraient occuper des superficies plus restreintes ; des transports publics plus performants permettraient de réduire la consommation de combustibles fossiles et la nécessité d'étendre le réseau routier. Un contrôle des ressources s'impose aussi parce que les usines qui transforment les matières premières en biens de consommation ont besoin d'énormes quantités d'énergie. Les ressources renouvelables, telles que le vent, l'eau et le soleil, pourraient constituer d'importantes sources d'énergie à l'avenir. À présent, les combustibles fossiles sont encore les sources énergétiques les plus utilisées.

Comme de surcroît, l'anhydride carbonique est le facteur principal contribuant au réchauffement global, nous devons accorder à la réduction de ses émissions un caractère urgent et prioritaire. Nous consommons encore de grandes quantités de combustibles fossiles pour produire de l'électricité, faire rouler nos véhicules et fonctionner nos usines. Nous possédons la technologie permettant d'exploiter les énergies solaire, éolienne, hydraulique qui ne concourent pas au réchauffement planétaire. Malheureusement, nous avons tant tardé à nous préoccuper de ce réchauffement que celui-ci empirera avant que nous n'ayons pu réduire de manière significative la consommation d'énergies fossiles en recourant à des énergies alternatives. Des experts ont calculé qu'une exploitation plus rationnelle de l'énergie entraînerait une diminution des besoins. Ce qui constituerait déjà un pas dans la bonne direction, mais ne suffirait pas à éviter un réchauffement global catastrophique. Pour éviter que cette perspective menaçante ne se réalise, les pays doivent s'accorder à réduire aussi rapidement que possible les émissions d'anhydride carbonique.

Si l'humanité doit survivre, nous devons tenir davantage compte des changements qui surviennent dans notre environnement. Au cours du siècle passé, l'homme a réalisé de nombreux progrès, mais le rythme des changements a été tellement rapide, que nous avons appauvri bon nombre des plus beaux paysages du monde, indices des dommages sérieux causés à l'environnement. Notre existence même dépend de la nature et des produits alimentaires qu'elle nous fournit. À court terme, nous sommes peut-être capables d'ignorer la nature et de contourner ses exigences en épandant sur les champs des engrais chimiques et des pesticides. À long terme, ce comportement aura de nombreux effets secondaires désastreux qui nous obligeront à reviser nos méthodes. Nous devrons bientôt admettre que notre alimentation dépend de la qualité de l'environnement. Le contrôle de l'explosion démographique, l'économie des ressources et la révision de nos méthodes agricoles constituent des défis que nous devons relever si nous voulons éviter un désastre mondial majeur.

△ Ce parc d'éoliennes en Californie illustre l'exploitation d'une source énergétique du futur.

GLOSSAIRE

CFC (chlorofluorocarbone): les CFC sont des composés chimiques aux utilisations multiples; par exemple gaz propulseur dans les aérosols, fluide réfrigérant dans les réfrigérateurs ou expansif dans la fabrication des mousses synthétiques

Combustible fossile: combustible formé des restes fossilisés de plantes et de micro-organismes. Le charbon, le gaz et le pétrole sont des combustibles fossiles.

Couche d'ozone: zone atmosphérique située à une altitude de 15 à 30 km, où la présence d'ozone est plus marquée qu'ailleurs

Effet de serre: ralentissement de l'évacuation de la chaleur fournie par le Soleil à la Terre, causé par la présence de l'atmosphère. Cet effet rend la vie possible sur la Terre. Le renforcement de l'effet de serre causé par la présence de polluants gazeux dans l'atmosphère risque de provoquer un réchauffement terrestre aux conséquences néfastes.

Latitude: l'une des coordonnées sphériques d'un point de la surface terrestre; distance angulaire de ce point à l'équateur, mesurée en degrés par l'arc du méridien terrestre

Oxydes d'azote: peuvent résulter de la combustion de carburants, de l'évaporation d'engrais, etc. Ils contribuent à la formation de pluies acides car ils se combinent à l'humidité de l'atmosphère pour se transformer en acide nitrique.

Oxydes de soufre: émis au cours de la combustion de carburants. Ils contribuent à la formation de pluies acides car ils se transforment en anhydride sulfureux ou en acide sulfurique au contact de l'humidité atmosphérique.

Ozone: forme allotropique de l'oxygène contenant 3 atomes dans la molécule (O_3). Gaz bleu et odorant qui se forme dans l'air ou l'oxygène soumis à une décharge électrique. L'ozone est un oxydant qui a des propriétés antiseptiques et bactéricides. Utilisation de l'ozone pour purifier l'air, l'eau, pour le vieillissement artificiel des eaux-de-vie. L'ozone de l'atmosphère est dissocié par les rayons ultraviolets dont il diminue l'intensité. Il empêche la majeure partie du rayonnement ultraviolet du Soleil d'atteindre la surface terrestre.

Pays développés: pays dont l'économie est basée sur la capacité industrielle et dans lesquels l'industrie utilise plus de main-d'œuvre que l'agriculture. Par rapport aux pays en voie de développement, le revenu annuel par habitant est élevé; la santé publique fait l'objet d'un système élaboré de soins, l'instruction et les services sociaux sont bons.

Pays en voie de développement: pays peu industrialisés, à l'économie essentiellement rurale. Le revenu annuel moyen par habitant y est généralement bien moins élevé que celui de pays industrialisés. Le système de soins de santé et l'instruction y sont souvent peu élaborés, voire inexistants.

Pesticide: substance utilisée contre les parasites animaux et végétaux des cultures

Pluie acide: pluie rendue acide par la pollution. Parallèlement, on rencontre d'autres types de pollution: smog acide, neige acide, dépôts acides solides et la pollution par l'ozone de surface.

INDEX

A
acides (pluies) 19, 35
agriculture 12-15, 18, 22, 23, 25-33
- intensive 23, 29, 30
- organique 30
Allemagne 19
anhydride carbonique 19, 20, 34
Aral (mer d') 18
assolement 28

B
Bangladesh 16
barrage 18
Boschimans 12
Brésil 15

C
calotte glaciaire 6, 7
catastrophes 9
CFC 21, 35
chasseurs-collecteurs 12
Chine 32
Chipco (mouvement) 30
climat 3, 5-9, 17, 20, 27
combustibles fossiles 19, 30, 33-35
consommation 11, 22, 34
couche arable 13, 14, 23, 29
cultures commerciales 31, 33

D
déforestation, déboisement 15, 23
dérive des continents 6, 35
désertification 16, 20

E
effets en chaîne (réactions) 10
effet de serre 19, 35
énergie 34
engrais 14, 28, 29, 30, 32
États-Unis 14, 27
exploitation minière 18

F
famine 32
fertilité 13, 15, 16, 25, 26, 28, 29
fleuves 8
forêts 13-16, 19, 20, 25
forêt tropicale (équatoriale) 5, 14-16, 22, 28

G
géologie 8
glaciation 6, 7
Grèce ancienne 24, 25

H
habitat 8, 9, 29
humain (impact) 3, 7, 10-23, 26

I
Indus 26, 32
innondation 15, 16, 18, 20
irrigation 17, 22, 25-27, 32
Itaipu 18

L
latitude 8, 9, 35

M
Madagascar 16
Maya 26, 27
Mexico 11
Montréal (protocole de) 21
moutons, ovins 16, 17

N
Népal 13, 14

O
ozone 21, 35

P
Pangée 6
pauvreté 15
paysage (constitution) 4-9
pesticide 29, 30, 35
Platon 24, 25
pollution 19, 21, 23
population 11, 13-16, 18, 21, 22, 27, 32, 33

R
réchauffement global (planétaire) 20, 27
ressources renouvelables 33
ressources (utilisation des) 32, 33, 34
roches 3, 4, 8
romain (Empire) 25

S
Sahara 16
salification 17, 26, 27
sécheresse 27
sol 4-6, 8, 13-17, 23-25, 27, 28, 30
sol (érosion) 13-15, 23, 27, 29
Sumériens 25-27
surpâturage 16, 17, 22
syndrome des randonneurs 11, 33

T
technologie 11, 12, 27-29
tectonique 9
température 19, 20
terres productives 13
Tibet 5
topographie 4
transports 11, 12

U
ultraviolet 21

V
villes 11, 17, 18, 22, 23, 32
volcans 6, 7, 9

Origine des photographies:
Couverture: Robert Harding Picture Library; pages 2-3, 15, 17 et 31: The Hutchison Library; pages 4-5, 10-11, 14, 20 (à gauche), 24-25, 26 et 30: Spectrum Colour Library; pages 6-7, 16, 20 (à droite), 28-29 et 32: The J. Allan Cash Photo Library; page 7: Mary Evans Picture Library; pages 12, 13, 18-19, 21, 26-27, 32-33, 33 et 34: Zefa; page 19: Catherine Bradley.